BEI GRIN MACHT SICH IHR WISSEN BEZAHLT

- Wir veröffentlichen Ihre Hausarbeit, Bachelor- und Masterarbeit

- Ihr eigenes eBook und Buch - weltweit in allen wichtigen Shops

- Verdienen Sie an jedem Verkauf

Jetzt bei www.GRIN.com hochladen und kostenlos publizieren

Bibliografische Information der Deutschen Nationalbibliothek:

Die Deutsche Bibliothek verzeichnet diese Publikation in der Deutschen National-
bibliografie; detaillierte bibliografische Daten sind im Internet über http://dnb.d-
nb.de/ abrufbar.

Impressum:

Copyright © 2009 GRIN Verlag, Open Publishing GmbH
Druck und Bindung: Books on Demand GmbH, Norderstedt Germany
ISBN: 9783640647781

Dieses Buch bei GRIN:

http://www.grin.com/de/e-book/152808/entscheidungsprozesse-in-der-legislative-
das-europaeische-parlament

Eike Christoph Windscheid

Entscheidungsprozesse in der Legislative – Das Europäische Parlament

GRIN Verlag

GRIN - Your knowledge has value

Der GRIN Verlag publiziert seit 1998 wissenschaftliche Arbeiten von Studenten, Hochschullehrern und anderen Akademikern als eBook und gedrucktes Buch. Die Verlagswebsite www.grin.com ist die ideale Plattform zur Veröffentlichung von Hausarbeiten, Abschlussarbeiten, wissenschaftlichen Aufsätzen, Dissertationen und Fachbüchern.

Besuchen Sie uns im Internet:

http://www.grin.com/

http://www.facebook.com/grincom

http://www.twitter.com/grin_com

Inhaltsverzeichnis

A. Einleitung und maßgebende Fragestellung

I. Wie mächtig ist das Europäische Parlament wirklich?

Die Europäische Union in ihrer Konstitution als Staatenbund ist ein sich stetig veränderndes Gebilde:[1] Einerseits betreffend ihre äußere Gestalt durch Erweiterungsrunden, andererseits durch die zentrale Aufgabe der Befriedigung von Partikularinteressen durch Implementation friedlicher Wirtschaftsbeziehungen und gemeinsamer Rechtsgrundlagen.[2] Das Hervorbringen in diesem Zusammenhang stehender, kollektiv bindender Rechtsnormen vor dem Hintergrund sich verändernder Interessenslagen bedarf somit fortwährender Anpassung. In vielerlei Hinsicht ist die Beständigkeit der EU daher Produkt ihrer Wandlungsfähigkeit.

So hat sich beispielsweise die Kompetenzverteilung innerhalb des politischen Systems der EU seit Ende der Achtziger und besonders seit Ende der Neunziger Jahre, einhergehend mit stetigen Veränderungen durch die Verträge von Amsterdam und Nizza, beträchtlich verschoben.[3] Viele sehen im Ergebnis das Europäische Parlament als „Gewinner".

Die zentrale Problemstellung dieser Ausarbeitung soll nun die Frage nach der tatsächlichen Macht des Europäischen Parlamentes sein und nach dessen Einfluss auf der Ebene der EU.

II. Die Stellung des Europäischen Parlamentes im politischen System der EU

Während die EU durch ein Zusammenspiel verschiedener, unterschiedlich kompetenter Organe – Europäischer Rat, Ministerrat, Kommission und EuGH – gekennzeichnet ist, nimmt das Europäische Parlament eine besondere Stellung in diesem Institutionengefüge ein.

Diese besondere Stellung wird deutlich, wenn man sich vor Augen führt, dass das Europäische Parlament das Einzige, unmittelbar demokratisch legitimierte, weil direkt gewählte Organ der EU darstellt.[4] Vor diesem Hintergrund ist seine enge Verbindung zu den Legislativorganen Kommission und Ministerrat zu deuten: Erst durch die Beteiligung frei gewählter Volksvertreter an der Gesetzgebung, bei nicht vorhandener

---

[1] Vgl.: Pollak, Johannes; Slominski, Peter: "Das politische System der EU", Wien, 2006, S.5.
[2] Vgl.: http://www.auswaertiges-amt.de/diplo/de/Europa/Aufgaben/Uebersicht.html, 15.03.2009.
[3] Vgl.: Neunreither, Karlheinz: „The European Parliament"; in: Cram, Laura u.a. (Hrsg.): „Developments in the European Union", Houndmills, 1999, S. 62.
[4] Vgl.: Maurer, Andreas: „Parlamentarische Demokratie in der Europäischen Union – Der Beitrag des Europäischen Parlamentes und der nationalen Parlamente", Baden-Baden, 2002, S. 97.

direkter Demokratie, kann die Verabschiedung eines Rechtsaktes auch als demokratisch legitim angesehen werden.[5]

Das Europäische Parlament fungiert also in einem Legislativmodell, das Interesse an einer fest verankerten Volksvertretung hat, da die EU als supranational strukturierte Organisation ihre Legitimation aus der Direktwahl des Parlamentes ableitet.[6] Impliziert diese Feststellung nun, dass das Europäische Parlament weitreichende Befugnisse auf sich vereinen müsste?

Um der Frage nach dem tatsächlichen Machtgehalt des Europäischen Parlamentes besonders im Bereich seiner legislativen Funktionen weiter nachzugehen, ist es nötig, Augenmerk auch auf seine historische Entwicklung und seine derzeitige Kompetenzbeschaffenheit zu legen.

B. Überblick

I. Zusammensetzung und Aufbau

Das Europäische Parlament besteht in seiner personellen Zusammensetzung aus 785 Abgeordneten. Diese Zahl ist aktuell seit dem Beitritt Rumäniens und Bulgariens im Januar 2007;[7] mit dem noch nicht ratifizierten Vertrag von Lissabon soll die Zahl der Abgeordneten auf 750 vertraglich beschränkt werden,[8] damit Entscheidungsfindungen nicht durch eine zu hohe Anzahl von Mitgliedern und daraus resultierenden Interessenverschiedenheiten blockiert werden. Die Abgeordneten stammen aus allen Mitgliedsstaaten, und finden sich – konform ihrer politischen Gesinnung die Heimatparteien betreffend – in politischen Fraktionen zusammen.[9] Die Volksvertreter der einzelnen Nationen sind im Übrigen keine Regierungsvertreter, was bedeutet, dass sie unabhängig und nicht weisungsgebunden sind.[10]

Pro Land wird die Zahl der Volksvertreter nach dem Schlüssel der jeweiligen Bevölkerungsgröße eines Landes festgelegt: In diesem Zusammenhang wird von

---

[5] Vgl.: Klein, Martina; Schubert, Klaus: „Das Politiklexikon", Bonn, 2006, S. 72.
[6] Vgl.: Maurer, Andreas: „Parlamentarische Demokratie in der Europäischen Union – Der Beitrag des Europäischen Parlamentes und der nationalen Parlamente", Baden-Baden, 2002, S. 97.
[7] Vgl.: Streinz, Rudolf: „Europarecht", Augsburg, 2008, S. 121.
[8] Vgl.: Vertrag von Lissabon, Artikel 2, Absatz 6, 2007.
[9] Vgl.: Streinz, Rudolf: „Europarecht", Augsburg, 2008, S. 123.
[10] Vgl.: www.europarl.europa.eu/parliament/public/staticDisplay.do?id=45&pageRank=3&language=DE, 15.03.2009.

degressiv proportionaler Sitzzuteilung gesprochen.[11] So stellt die BRD 99 Abgeordnete; Malta hingegen nur fünf.

Das Präsidium stellt die Spitze des Europäischen Parlamentes dar. Es gibt einen Präsidenten mit 14 Stellvertretern, die die Aufgabe haben, Entscheidungen über Struktur, Organisation und den Haushalt des Parlamentes zu treffen.[12]

II. Parteien und Wahlen

Wie bereits angesprochen, vereinigen sich die Abgeordneten des Europäischen Parlamentes zum großen Teil in länderübergreifenden Fraktionen, die keine nationalen sondern partei-politischen Zusammenschlüsse darstellen. Um eine Fraktion bilden zu können müssen sich allerdings mindestens neunzehn Abgeordnete aus mindestens einem Fünftel der Mitgliedsstaaten zusammenschließen.[13] Dabei ergibt sich derzeit die folgende Fraktions- bzw. Parteienlandschaft:[14]

- EVP-ED: Fraktion der europäischen Volksparteien (Christdemokraten)
               (Konservative)
- SPE: Sozialdemokratische Fraktion
               (Sozialdemokraten)
- ALDE / ADLE: Allianz der Liberalen und Demokraten für Europa
               (Liberale)
- GRÜNE / EFA: Fraktion der Grünen / Freie europäische Allianz
               (Grüne)
- KVEL / NGL: Konföderale Fraktion der europäischen Linken / Nordische grüne
               Linke
               (Linke)
- UEN: Fraktion Union für das Europa der Nationen
               (Nationalkonservative)
- IND / DEM: Fraktion unabhängiger Demokratien
               (Europakritiker)

---

[11] Vgl.: Streinz, Rudolf: „Europarecht", Augsburg, 2008, S. 122.
[12] Vgl.: http://www.europarl.europa.eu/parliament/public/staticDisplay.do?id=45&pageRank=2&language=DE, 15.03.2009.
[13] Vgl.: Streinz, Rudolf: „Europarecht", Augsburg, 2008, S. 123.
[14] Vgl.: Pollak, Johannes; Slominski, Peter: "Das politische System der EU", Wien, 2006, S.89.

4

Parteien auf der europäischen Ebene nehmen darüber hinaus eine Sonderstellung ein. Nach Artikel 191 EGV (Vertrag über die EG) sind politische Parteien ein wichtiger Faktor der Integration zur Union.[15] Sie sollen dazu beitragen, ein europäisches Bewusstsein herauszubilden und den politischen Willen der Bürger der EU zum Ausdruck zu bringen.[16]

Zur Wahl des Europäischen Parlamentes ist zu sagen, dass die EU-Bevölkerung alle fünf Jahre die Möglichkeit hat, direkt zu wählen.[17] Dies geschieht seit 1979; seit 1999 nach dem Verhältniswahlrecht.[18] Die Wahlen werden dabei nach dem jeweilig national geltenden Recht ausgerichtet; in Deutschland geschieht dies nach dem Europawahlgesetz.[19] Durch die Neufassung des DWA (Direktwahlakt) 2002 und dessen Annahme durch die Mitgliedsstaaten 2004 kam es unter anderem auch zur Einführung einer 5%-Klausel.[20]

III. Geschichte und Entwicklung: Probleme und Erfolge

Zum ersten Mal trat vom 10. bis zum 13. September 1952 im Rahmen der EGKS (Europäische Gemeinschaft für Kohle und Stahl) eine parlamentarische Versammlung zusammen, die aus 78 nationalen Abgeordneten bestand, die von den jeweiligen nationalen Parlamenten ausgewählt worden waren.[21] Diese Versammlung konnte de jura nur beratend tätig werden - Konsultationsverfahren -, hatte aber auch das Recht, die Hohe Behörde der EGKS per Misstrauensvotum zum Rücktritt zu zwingen.[22] Im Jahre 1957 wurden mit den Römischen Verträgen die Europäische Wirtschaftsgemeinschaft (EWG) sowie die Europäische Atomgemeinschaft (Euratom) gegründet. Die Parlamentarische Versammlung, der zu diesem Zeitpunkt bereits 142 Abgeordnete angehörten, war jetzt für alle drei Gemeinschaften zuständig.[23] Sie erhielt in diesem Zusammenhang zusätzliche Beratungskompetenzen[24] und gab sich

[15] Vgl.: Streinz, Rudolf: „Europarecht", Augsburg, 2008, S. 123.
[16] Vgl.: Ebd.
[17] Vgl.: http://www.bpb.de/themen/SANWWX,0,Das_Europ%E4ische_Parlament.html, 15.03.2009.
[18] Vgl.: Streinz, Rudolf: „Europarecht", Augsburg, 2008, S. 121.
[19] Vgl.: Ebd.
[20] Vgl.: Ebd.
[21] Vgl.: http://www.europarl.de/export/parlament/vorstellung/geschichte.html, 15.03.2009.
[22] Vgl.: Bocklet, Reinhold: „Das Europäische Parlament: Kompetenzzuwachs durch Vertragsänderung und im politischen Prozess von der Montanunion zum Maastrichter Unions-Vertrag", in: Patzelt, Werner u.a. (Hrsg.): „Res publica semper reformanda", Wiesbaden, 2008, S. 612.
[23] Vgl.: http://www.europarl.de/export/parlament/vorstellung/geschichte.html, 15.03.2009.
[24] Vgl.: Ebd.

selbst den Namen *Europäisches Parlament*,[25] der allerdings erst 1987 auch von den Einzelstaaten offiziell anerkannt wurde[26]. Als die Europäischen Gemeinschaften 1971 ein eigenes Budget erhielten, wurde die Versammlung an der Aufstellung und der Verabschiedung des Haushaltsplans beteiligt.[27] Ohne jegliches Mitspracherecht war das Europäische Parlament allerdings in punkto Agrarpolitik. Dieser Posten machte bis Mitte der Achtziger Jahre mit ca. 80% noch den größten Anteil am Gesamtetat aus.[28]

Seit den achtziger Jahren veränderte sich die Situation der weitgehenden Bedeutungslosigkeit des Europäischen Parlamentes jedoch schrittweise: Der entscheidende Schritt zur Legitimation des Europäischen Parlaments war begründet in den ersten direkten Wahlen 1979.[29] Die erste Ausweitung seiner Zuständigkeiten fand 1986 durch die Einheitliche Europäische Akte statt: Mit der Einführung des Kooperationsverfahrens war es nun an der allgemeinen Gesetzgebung beteiligt und konnte offiziell Änderungsvorschläge zu Gesetzentwürfen machen.[30] Mit dem Vertrag von Maastricht im Jahre 1992, in dem für einige Politikbereiche das so genannte Mitentscheidungsverfahren eingeführt wurde, war das Parlament dem Rat in legislativer Hinsicht gleichgestellt.[31] Es konnte nun einen Gesetzentwurf zwar noch immer nicht gegen den Willen des Rates durchsetzen; allerdings konnte auch kein Rechtsakt mehr ohne das Parlament verabschiedet werden. Zudem erhielt es das Recht, eigenständig Untersuchungsausschüsse einsetzen und die Möglichkeit, der Kommission das Misstrauen auszusprechen.[32] Durch die Vertragsreformen von Amsterdam 1997 und von Nizza 2001 schließlich wurde das Mitentscheidungsverfahren ausgeweitet, sodass es heute für über 20 Politikbereiche der Europäischen Union gilt.[33] In wesentlichen Bereichen, etwa der Gemeinsamen Agrarpolitik, hat das Parlament allerdings nach wie vor keine vollen Kompetenzen.

---

[25] Vgl.: Weidenfeld, Werner: „Europäische Einigung im historischen Überblick", in: Werner Weidenfeld, Wolfgang Wessels (Hrsg.):„Europa von A bis Z – Taschenbuch der europäischen Integration", Bonn, 2000 , S.21.
[26] Vgl.: http://www.bpb.de/publikationen/WRKDAC,0,0,Geschichte_und_Struktur_des_Europa-parlamentes.html, 15.03.2009.
[27] Vgl.: http://www.europarl.de/export/parlament/vorstellung/geschichte.html, 15.03.2009.
[28] Vgl.: http://www.auswaertiges-amt.de/diplo/de/Europa/Aufgaben/Landwirtschaft.html, 15.03.2009. Aktuell stehen die Ausgaben für die gemeinsame Agrarpolitik bei 38% des Gesamthaushaltes und stellen damit nach wie vor den größten Posten in dieser Ausgabenrechnung.
[29] Vgl.: http://www.europarl.de/export/parlament/vorstellung/geschichte.html, 15.03.2009.
[30] Vgl.: Pollak, Johannes; Slominski, Peter: "Das politische System der EU", Wien, 2006, S.38.
[31] Vgl.: http://www.europarl.de/export/parlament/vorstellung/geschichte.html, 15.03.2009.
[32] Vgl.: Ebd.
[33] Vgl.: Pollak, Johannes; Slominski, Peter: "Das politische System der EU", Wien, 2006, S.43ff.

Aktuell muss sich das Europäische Parlament mit Problemen konfrontiert sehen, die vor allem im Bereich der Europawahlen liegen. So ist bei der Wahlbeteiligung der EU-Bevölkerung seit Beginn der Parlamentswahlen ein stetiger Rückgang zu verzeichnen: Während sich bei den ersten Parlamentswahlen 1979 noch über 60% der Wählerschaft an der Wahl beteiligten, so lag diese Zahl bei den letzten Parlamentswahlen 2004 bei nur noch rund 45%.[34]

Ein weiteres Problem in diesem Zusammenhang stellt die Sitzverteilung im Europäischen Parlament dar: Sie ist fest geregelt, ohne dass diese Festlegung proportional zur Bevölkerungszahl wäre.[35] Damit fehlt ein wichtiger Legitimationsgrund demokratischer Wahlen: Die Gleichheit der Wahl.[36] Dies ist ein großer Kritikpunkt, denn es gibt de facto keine demokratische Repräsentation der Völker im EP.

Kritisch ist auch das Wahlsystem selbst: So werden die Europawahlen nicht nach einem einheitlichen Wahlsystem durchgeführt, sondern nach den unterschiedlichen nationalstaatlichen Vorschriften. [37]

C.   Funktionen des Europäischen Parlamentes

I.   Beratungsfunktion

Nach EGV (Vertrag zur Gründung der EG) und EAGV (Vertrag zur Gründung der Europäischen Atomgemeinschaft) ist in mehreren Vorschriften vorgesehen, dass das Europäische Parlament gehört werden muss.[38] Dies gilt für die obligatorischen Anhörungen, zu denen vor allem die Ernennung der Mitglieder des Rechnungshofs, die Ernennung der Mitglieder des Direktoriums der EZB und die Benennung der Person, die der Rat in Zusammensetzung der Staats- und Regierungschefs zum Kommissionspräsidenten zu ernennen beabsichtigt, zählen.[39] Die Ernennung des Kommissionspräsidenten bedarf, wie auch die Ernennung der übrigen Mitglieder der Kommission, der vorherigen Zustimmung des Parlamentes.[40]

---

[34] Vgl.: http://www.bundeswahlleiter.de/de/europawahlen/downloads/ew_ab79_ergebnisse.pdf, 15.03.2009.
[35] Vgl.: Kirsch, Andrea: „Demokratie und Legitimation in der Europäischen Union", Baden-Baden, 2008, S. 50.
[36] Vgl.: Ebd.
[37] Vgl.: Huber, Peter M.: „Demokratie ohne Volk oder Demokratie der Völker? - Zur Demokratiefähigkeit der Europäischen Union", in: Drexl, Josef u.a. (Hrsg.): „Europäische Demokratie", Baden-Baden, 1999, S. 27.
[38] Vgl.: Streinz, Rudolf: „Europarecht", Augsburg, 2008, S. 124.
[39] Vgl.: Ebd.
[40] Vgl.: Pollak, Johannes; Slominski, Peter: „Das politische System der EU", Wien, 2006, S. 83.

Weiterhin muss das EP vor der Änderung des Unionsvertrages angehört werden, sowie bei bestimmten Abkommen mit Drittstaaten und Organisationen.[41] Darüberhinaus müssen die Auffassungen des EP im Bereich der GASP zu den wichtigsten Aspekten und Weichenstellungen „gebührend" berücksichtigt werden.[42] Ist die obligatorische Anhörung des EP unterblieben, so liegt eine Verletzung wesentlicher Formvorschriften vor, die zur Nichtigkeitsklage gegen die Rechtshandlung berechtigt, also bestimmte getroffene Regelungen, die ohne die Anhörung des EP beschlossen wurden, rückgängig macht.[43]

II. Kontrollbefugnisse

1. Misstrauensvotum und Haushaltskontrolle

Gegenüber der Kommission verfügt das Europäische Parlament über weitreichende Kontrollbefugnisse. Hierbei geht es vor allem um die Möglichkeit, der Kommission das Misstrauen auszusprechen und so die gesamte Kommission zum Rücktritt zu zwingen.[44] Im Einzelfall gegen einzelne Mitglieder der Kommission ist dies jedoch nicht möglich. Gegenüber dem Rat ist keinerlei Kontrolle durch das Europäische Parlament vorgesehen:[45] Diese müssen die einzelnen Nationalparlamente gegenüber ihren Regierungen ausüben. [46]

Weiterhin kontrolliert das EP den jährlichen Gesamtbericht der Kommission und fordert somit Rechenschaft ein.[47] Dies geschieht auch bei der Überprüfung des Haushaltes der Kommission: Das EP prüft aufgrund von Rechenschaftsberichten die ordnungsgemäße Haushaltsführung und kann dies der Kommission auch bestätigen.[48] Dem Europäischen Parlament kommt darüber hinaus die letztendliche Entscheidung über die nicht-obligatorischen Ausgaben der EG zu (bspw. Aufwendungen für Struktur- und Entwicklungspolitik).[49]

---

[41] Vgl.: Streinz, Rudolf: „Europarecht", Augsburg, 2008, S. 125.
[42] Vgl.: Ebd.
[43] Vgl.: Streinz, Rudolf: „Europarecht", Augsburg, 2008, S. 124.
[44] Vgl.: Neunreither, Karlheinz: „The European Parliament", in: Cram, Laura u.a. (Hrsg.): „Developments in the European Union", Houndmills, 1999, S. 68.
[45] Vgl.: Streinz, Rudolf: „Europarecht", Augsburg, 2008, S. 126.
[46] Vgl.: Pollak, Johannes; Slominski, Peter: „Das politische System der EU", Wien, 2006, S. 94.
[47] Vgl.: http://www.bpb.de/themen/FYCOD2,0,0,Befugnisse_des_Europ%E4ischen_Parlaments.html, 15.03.2009.
[48] Vgl.: Maurer, Andreas: „Parlamentarische Demokratie in der Europäischen Union – Der Beitrag des Europäischen Parlamentes und der nationalen Parlamente", Baden-Baden, 2002, Fußnote 435, S. 109.
[49] Vgl.: Tömmel, Ingeborg: „Das politische System der EU", München, 2006, S. 72.

2. Fragerecht

Das Europäische Parlament als Organ sowie jeder einzelne Abgeordnete kann Fragen an die Kommission, den Rat und darüber hinaus sogar an die EZB stellen.[50] Die in Folge dieser Interpellation an sie gerichteten Fragen muss die Kommission beantworten; sie ist als einziges EU-Organ dazu verpflichtet.[51]

3. Klagerecht

Das Klagerecht des Europäischen Parlamentes – schrittweise aufgewertet durch die Rechtsprechung des EuGH und mehreren Vertragsrevisionen – führt zu einer Gleichstellung von EP mit Rat und Kommission auf der Stufe der prozessualen Rechtsstellung.[52] Das EP ist somit klagebefugt nicht mehr nur bei Verletzung in eigenen Rechten, sondern kann eine Überprüfung aller Rechtsakte der anderen Organe durch den EuGH anfordern.[53]

4. Einsetzung eines Untersuchungsausschusses

Das EP ist dazu befähigt, die Einsetzung eines nicht ständigen Untersuchungsausschusses zu veranlassen, wenn Verdacht über gravierende Verstöße gegen das Gemeinschaftsrecht besteht.[54] Dieser Untersuchungsausschuss prüft behauptete Verstöße gegen das Gemeinschaftsrecht und Missstände bei der Anwendung von Befugnissen einzelner Organe, Mitgliedsstaaten oder Einzelpersonen.[55] Der Untersuchungsausschuss tritt allerdings nicht zusammen, wenn ein Gericht mit der Überprüfung eines solchen Sachverhaltes beschäftigt ist.[56]

5. Petitionsrecht durch EU-Bürger

Jeder EU-Bürger hat das Grundrecht, Beschwerde beim Europäischen Parlament einzureichen um so das Petitionsrecht auszuüben.[57] Dies gilt, wenn die Petition die Tätigkeit der Organe oder Institutionen der Gemeinschaft betrifft; davon

---

[50] Vgl.: Streinz, Rudolf: „Europarecht", Augsburg, 2008, S. 126.
[51] Vgl.: Ebd.
[52] Vgl.: Streinz, Rudolf: „Europarecht", Augsburg, 2008, S. 126.
[53] Vgl. : Maurer, Andreas; Wessels, Wolfgang: „Das Europäische Parlament nach Amsterdam und Nizza: Akteur, Arena oder Alibi?", Baden-Baden, 2003, S. 63.
[54] Vgl.: http://www.europarl.de/export/parlament/arbeitsweise/kontrollrechte.html, 15.03.2009.
[55] Vgl.: Streinz, Rudolf: „Europarecht", Augsburg, 2008, S. 126.
[56] Vgl.: Ebd.
[57] Vgl.: http://www.europarl.europa.eu/parliament/public/staticDisplay.do?language=DE&id=49, 15.03.2009.

ausgenommen ist der EuGH.[58] Der Ombudsmann, der als Bürgerbeauftragter des Europäischen Parlaments fungiert, nimmt Beschwerden entgegen, die Missstände bei der Tätigkeit der Organe oder Institutionen der Gemeinschaft betreffen.[59]

III. Rechtsetzung, Gesetzgebung

1. Mitentscheidungsverfahren

Das Mitentscheidungsrecht des EP, also die Teilnahme am Mitentscheidungsverfahren, ist die hervorragende Kompetenz des EP. Das Europäische Parlament ist an der Gemeinschaftsgesetzgebung beteiligt und avanciert so zum Mitgesetzgeber. [60] Bei diesem *ordentlichen Verfahren der Gesetzgebung* verhandeln Rat und Parlament gleichberechtigt über die Verabschiedung europäischer Gesetze. [61] Das Europäische Parlament besitzt in diesem Zusammenhang ein Vetorecht, das ihm erlaubt, einen Gesetzesentwurf in einer frühen Phase abzulehnen, was bedeutet, dass dieser definitiv nicht erlassen wird.[62] Das Verfahren selbst besteht aus den drei Abschnitten 1. Lesung, 2. Lesung und Vermittlungsverfahren.[63] Nach jedem Abschnitt kann das Gesetzgebungsverfahren beendet werden, sofern Parlament und Rat zu einer Einigung gekommen sind.[64] Der Anwendungsbereich dieses Verfahren wurde nach dem Europäischen Verfassungsvertrag von 45 auf 84 fallspezifische Handlungsermächtigungen ausgedehnt.[65]

2. Zustimmungsverfahren

Das Verfahren der Zustimmung wurde durch die EEA (Einheitliche Europäische Akte) eingeführt.[66] Für folgende Bereiche ist die Zustimmung des Europäischen Parlamentes notwendig:[67]

---

[58] Vgl.: Streinz, Rudolf: „Europarecht", Augsburg, 2008, S. 126.
[59] Vgl.: Ebd.
[60] Vgl.: Streinz, Rudolf: „Europarecht", Augsburg, 2008, S. 186.
[61] Vgl.: Maurer, Andreas: Das Europäische Parlament in der Gesetzgebung" in: Maurer, Andreas; Nickel, Dietmar (Hrsg.): „Das Europäische Parlament – Supranationalität, Repräsentation und Legitimation", Baden-Baden, 2005, S. 100f.
[62] Vgl.: Tömmel, Ingeborg: „Das politische System der EU", München, 2006.
[63] Vgl.: Streinz, Rudolf: „Europarecht", Augsburg, 2008, S. 186.
[64] Vgl.: Ebd.
[65] Vgl.: Kirsch, Andrea: „Demokratie und Legitimation in der Europäischen Union", Baden-Baden, 2008, S. 142.
[66] Vgl.: Maurer, Andreas; Wessels, Wolfgang: „Das Europäische Parlament nach Amsterdam und Nizza: Akteur, Arena oder Alibi?", Baden-Baden, 2003, S. 70.

- Sanktionen bei Verletzung der Grundsätze der EU
- Beitritt neuer Mitgliedsstaaten
- Assoziierung mit dritten Staaten und Organisationen
- Sonstige Abkommen, die durch die Einführung von Zusammenarbeitsverfahren
  einen besonderen institutionellen Rahmen schaffen oder erhebliche finanzielle
  Folgen für die Gemeinschaft haben

Das Verfahren findet darüber hinaus Anwendung bei einigen quasi-konstitutionellen Rechtsakten der EG.[68] Hier wird deutlich, dass dem Parlament durch das Zustimmungsverfahren kein Recht zur substantiellen Mitwirkung am Zustandekommen des beabsichtigten Ratsbeschlusses verliehen wurde.[69]

3. Initiativrecht

Das Europäische Parlament besitzt formell gesehen kein Recht, ein Gesetzgebungsverfahren anzustrengen.[70] Die einzige Ausnahme besteht hinsichtlich der Bestimmungen über die Wahlen zum Europäischen Parlament.[71]

Die Kommission kann aber aufgefordert werden, dem Rat Legislativvorschläge zu unterbreiten;[72] die Kommission ist daran aber nicht gebunden.[73]

Zuletzt besteht für das EP im Rahmen der Mitentscheidung im Gesetzgebungsprozess noch eine Art „hinkendes" Initiativrecht: Es kann Abänderungen zum Vorschlag der Kommission bzw. dem gemeinsamen Standpunkt des Rates vorschlagen. Im Mitentscheidungsverfahren kommt diesem Punkt eine größere Bedeutung zu, da ohne die Zustimmung des EP kein Rechtsakt verabschiedet werden kann.[74]

---

[67] Vgl.: http://www.eu2007.de/de/About_the_EU/Decision_Making/Assent_procedure.html, 15.03.2009.
[68] Vgl.: Maurer, Andreas; Wessels, Wolfgang: „Das Europäische Parlament nach Amsterdam und Nizza: Akteur, Arena oder Alibi?", Baden-Baden, 2003, S. 70f.
[69] Vgl.: Ebd.
[70] Vgl.: Streinz, Rudolf: „Europarecht", Augsburg, 2008, S. 127.
[71] Vgl.: Ebd.
[72] Vgl.: http://www.europarl.europa.eu/parliament/public/staticDisplay.do?id=46&page Rank=2&language=DE, 15.03.2009.
[73] Vgl.: Streinz, Rudolf: „Europarecht", Augsburg, 2008, S. 127.
[74] Vgl.: Ebd.

D. Kritische Bewertung der Fragestellung, Zusammenfassung und Ausblick

I. Wie mächtig ist das Europäische Parlament wirklich?

Am Ende ist zu erkennen, dass das Europäische Parlament im Laufe der zeit und verschiedenster Vertragsrevisionen stetig an Kompetenzen zugelegt hat.[75] Es stellt sich die Frage, wie mächtig es tatsächlich ist: Die Bedeutungen von Kontrolle und (Mit-)Entscheidungsgewalt suggerieren weitreichende Kompetenzen des EP. Dem ist aber nach erneutem Hinsehen nicht mehr so. Denn im Institutionengefüge der EU nimmt das Europäische Parlament eher eine zurückhaltende Rolle ein. „Das Parlament ist ein wichtiges, gleichwohl zu wenig beachtetes Organ der EU", meint beispielsweise auch der Europawissenschaftler Andreas Maurer[76]. Die Ursachen für die weitgehende Nichtbeachtung liegen neben dem geringen Kenntnisstand über das Parlament, seine Aufgaben und Strukturen auch im geringen Bekanntheitsgrad der Abgeordneten und der europäischen Parteien sowie in der Instrumentalisierung der Europawahlen als Austragung nationaler Konflikte.[77] Der größte Trumpf – und das nach wie vor – ist jedoch die Tatsache, dass das Europäische Parlament das einzige Organ der EU mit der direkten Legitimation durch die EU-Bürger darstellt.

Am Ende steht die Frage nach dem Europäischen Parlament im Rahmen des fortlaufenden Integrationsprozesses. Wie sind die Zielsetzungen des Konvents zur Zukunft Europas zu deuten? Auf der einen Seite besteht das Vorhaben, das Europäische Parlament zu stärken, Instrumente zu vereinfachen sowie für mehr Transparenz und Effizienz zu sorgen. Auf der anderen Seite sollen die nationalen Parlamente verstärkt mit in die politischen Entscheidungsprozesse eingebunden werden, was hier zur Verbreiterung der Legitimationsbasis der EU, dort zu komplexeren Verfahren in der Zusammenarbeit der Institutionen und zur Verstärkung von Intransparenz führen würde.[78]

Es kann keinen konkreten Plan geben, der die Frage nach der Zukunft des Europäischen Parlamentes beantwortet. Diese wird einzig und allein durch die zukünftige Gestaltung bestimmt, die im Trend des Integrationsprozesses liegt.

---

[75] Bocklet, Reinhold: „Das Europäische Parlament: Kompetenzzuwachs durch Vertragsänderung und im politischen Prozess von der Montanunion zum Maastrichter Unions-Vertrag", in: Patzelt, Werner u.a. (Hrsg.): „Res publica semper reformanda", Wiesbaden, 2008, S. 624.
[76] Maurer, Andreas / Nickel, Dietmar (Hrsg.): „Das Europäische Parlament – Supranationalität, Repräsentation und Legitimation", Baden-Baden, 2005, S. 9.
[77] Vgl.: Ebd., S. 9f.
[78] Vgl.: Maurer, Andreas / Wessels, Wolfgang: „Das Europäische Parlament nach Amsterdam und Nizza: Akteur, Arena oder Alibi?", Baden-Baden, 2003, S. 233.

Literaturverzeichnis

Monographien

Kirsch, Andrea: „Demokratie und Legitimation in der Europäischen Union", Baden-Baden, 2008.

Klein, Martina; Schubert, Klaus: „Das Politiklexikon", Bonn, 2006.

Maurer, Andreas: „Parlamentarische Demokratie in der Europäischen Union – Der Beitrag des Europäischen Parlamentes und der nationalen Parlamente", Baden-Baden, 2002.

Maurer, Andreas; Wessels, Wolfgang: „Das Europäische Parlament nach Amsterdam und Nizza: Akteur, Arena oder Alibi?", Baden-Baden, 2003.

Pollak, Johannes; Slominski, Peter: „Das politische System der EU", Wien, 2006.

Streinz, Rudolf: „Europarecht", Augsburg, 2008.

Tömmel, Ingeborg: „Das politische System der EU", München, 2006.

Sammelbände

Bocklet, Reinhold: „Das Europäische Parlament: Kompetenzzuwachs durch Vertragsänderung und im politischen Prozess von der Montanunion zum Maastrichter Unions-Vertrag", in: Patzelt, Werner u.a. (Hrsg.): „Res publica semper reformanda", Wiesbaden, 2008, S. 612 – 625.

Huber, Peter M.: „Demokratie ohne Volk oder Demokratie der Völker? - Zur Demokratiefähigkeit der Europäischen Union", in: Drexl, Josef u.a. (Hrsg.): „Europäische Demokratie", Baden-Baden, 1999, S. 27ff.

Maurer, Andreas: Das Europäische Parlament in der Gesetzgebung" in: Maurer, Andreas; Nickel, Dietmar (Hrsg.): „Das Europäische Parlament – Supranationalität, Repräsentation und Legitimation", Baden-Baden, 2005, S. 93 – 120.

Maurer, Andreas; Nickel, Dietmar (Hrsg.): „Das Europäische Parlament – Supranationalität, Repräsentation und Legitimation", Baden-Baden, 2005.

Neunreither, Karlheinz: „The European Parliament", in: Cram, Laura u.a. (Hrsg.): „Developments in the European Union", Houndmills, 1999, S. 62 – 83.

Weidenfeld, Werner: „Europäische Einigung im historischen Überblick", in: Werner Weidenfeld, Wolfgang Wessels (Hrsg.):„Europa von A bis Z – Taschenbuch der europäischen Integration", Bonn, 2000, S. 10 – 50.

Internetadressen

http://www.auswaertiges-amt.de/diplo/de/Europa/Aufgaben/Uebersicht.html,
15.03.2009.

http://www.auswaertiges-amt.de/diplo/de/Europa/Aufgaben/Landwirtschaft.html,
15.03.2009

http://www.bpb.de/themen/SANWWX,0,Das_Europ%E4ische_Parlament.html,
15.03.2009.

http://www.bundeswahlleiter.de/de/europawahlen/downloads/ew_ab79_ergebnisse
.pdf, 15.03.2009.

http://www.eu2007.de/de/About_the_EU/Decision_Making/Assent_procedure.html,
15.03.2009.

http://www.europarl.europa.eu/parliament/public/staticDisplay.do?id=45&pageRan
k=2&language=DE, 15.03.2009.

http://www.europarl.europa.eu/parliament/public/staticDisplay.do?id=45&pageRan
k=3&language=DE, 15.03.2009.

http://www.europarl.de/export/parlament/vorstellung/geschichte.html, 15.03.2009.

Sonstiges

Vertrag von Lissabon, 2007.